Para Dariette
y Espro de Porte
de Luz y Maytee
Para que conoscan
un poco mas a
mi Lindo Rico
Coqui Coqui?

WALKING AROUND OLD   PASEANDO POR EL VIEJO

SAN JUAN
PUERTO RICO 2000

Para mi
amigo Montijo
J un espera, en
mi mayor aprecio y
agradecimiento

Celestino
Martínez
Enero 2002

CELESTINO MARTÍNEZ-LINDÍN

| WALKING AROUND OLD | PASEANDO POR EL VIEJO |

PUERTO RICO 2000

Publicaciones Puertorriqueñas
EDITORES

Créditos editoriales
Edición, 2000

Prohibida la reproducción total o parcial de esta obra por cualquier medio técnico, mecánico o electrónico, sin previo permiso escrito por parte de Publicaciones Puertorriqueñas, Inc.

Publicaciones Puertorriqueñas actúa como medio editorial y no se responsabiliza, ni se solidariza necesariamente del contenido, ni de cualquier otro derecho de autor que pudiera estar relacionado con esta obra.

© Publicaciones Puertorriqueñas, Inc.

ISBN 1-881720-03-9

Producido en Puerto Rico
Impreso en Colombia • Printed in Colombia

por D'Vinni Editorial Ltda.

Editor
ANDRÉS PALOMARES

Diseño Tipográfico
EVA GOTAY PASTRANA

Portada
EVA GOTAY PASTRANA

Negativos y separación de colores
PUBLICACIONES PUERTORRIQUEÑAS

Facturación
HAYDEÉ GOTAY PASTRANA

Promoción
EDGAR REXACH - NÉLIDA IRIZARRY

Publicaciones Puertorriqueñas, Inc.
Calle Mayagüez 104
Hato Rey, Puerto Rico 00919
Tel. (787) 759-9673 Fax (787) 250-6498
E-Mail: pubpr@coqui.net

Dedicatoria

Dedico estas páginas a todos mis buenos amigos puertorriqueños, a los que conozco y a los que quizás no conozca nunca.

Dedication

I dedicate these pages to my good Puerto Rican friends, the ones I know and to the ones I might never know.

Celestino Martínez Lindín
San Juan, Puerto Rico 2000

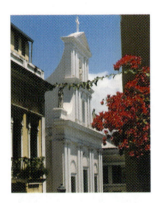

Raíces y motivos de este libro

Las melódicas voces traspasaban las gruesas paredes del antiguo Hotel de Turistas de Puno en los Andes peruanos. Yo sabía que se estaba cantando pero no podía precisar qué era lo que se cantaba. Era aún temprano en la noche y me había retirado a mi habitación después de cenar; dejé a un lado el periódico que trataba de leer y la curiosidad me llevó a abrir la ventana y cuando lo hice, no sólo entró una helada brisa, el cuarto se llenó con las cálidas voces que entonaban las últimas estrofas de "El lamento borincano", la bella melodía de Rafael Hernández. Allí, justo debajo de mi ventana, estaban media docena de jóvenes sentados en la terraza del hotel los que desafiando el intenso frío cantaban alegremente para el disfrute del grupo de huéspedes que les rodeaban; desde lo alto yo me uní a los aplausos que les tributaron. El joven que aparentaba ser el líder del grupo se dirigió a los allí presentes diciendo: "Ahora, y antes que nos congelemos todos, vamos a cantar algo que es casi el himno nacional de mi patria, de Noel Estrada, "En mi viejo San Juan." Yo había oído esta canción muchas veces en la radio y siempre la disfruté, tanto por su letra como por su melodía, pero aquella noche me lució más hermosa que nunca antes; quizás fue el oírla en vivo en un ambiente tan diferente al cálido Caribe, encontrándome en un lugar

The roots and motives behind this book

The melodious voices pierced through the walls of the old Hotel de Turistas of the city of Puno in the heart of the South American Andes. I could hear people singing but I could not decipher what they were singing. It was early in the night and I had just retired to my hotel room after dinner. Drawn by curiosity, I set aside the newspaper that I was reading and proceeded to open the window. In came, along with a blast of frigid wind, the warm voices of a group of singers who were singing the last verses of "El lamento borincano," that beautiful song composed by Rafael Hernández. Right underneath my room's window, in the hotel's terrace, a group of young men defied the bitter cold and sang joyfully for the pleasure of the hotel guests around them. I joined the audience in the applause that followed the song. A young man who appeared to be the group's leader addressed the audience: "And now, before we all freeze over, we are going to sing something that is almost my homeland's national anthem: 'En mi viejo San Juan,' by Noel Estrada." I had heard this song many times on the radio and I always enjoyed its lyrics as well as its melody. That night it sounded better than ever before. Perhaps it was because it was being sung live in a setting so far removed from the tropical Caribbean, in

en el cual el frío calaba hasta los huesos, a 12,500 pies de altura y dos cuadras de las orillas del lago Titicaca, prácticamente en la frontera entre Perú y Bolivia. No sabría como explicarlo pero fue una experiencia distinta e inolvidable. La noche terminó con más aplausos y felicitaciones para los jóvenes cantores. La música de esa noche despertó en mí una nostalgia caribeña con la que me fui a dormir.

Temprano en la mañana siguiente tuve la oportunidad de saludar al joven que hablaba la noche anterior. Su nombre era Pablo Colón, vivía en Santurce, Puerto Rico, y estaba al frente de un grupo de misioneros, compatriotas suyos, que venían de recorrer Bolivia por un mes y se disponían a continuar su labor misionera en Perú. Después de decirle cuanto había yo disfrutado oyéndoles, la conversación no tardó en abordar el tema de Puerto Rico. Pablo hablaba de su tierra con un profundo pero sano orgullo, su entusiasmo me hizo comprender más aún el sentir de las canciones oídas. Al describir las bellezas de San Juan, los gestos de sus manos y la brillantez de sus ojos reforzaban sus palabras; parecía un agente de viajes tratando de venderme una excursión pero lo que realmente hizo fue gentilmente invitarme a su casa si algún día visitaba a Puerto Rico. Pablo y su grupo estaban a punto de partir hacia el Cuzco, la antigua capital del imperio incaico y los acompañé hasta la estación del ferrocarril situada justo frente al hotel. Mientras compraban algunos objetos típicos para recuerdos de su visita aproveché para darles algunos consejos de como regatear los precios cuando se compra en el Perú; allí el regatear al comprar es como el segundo deporte nacional después del balompie. Llegó el momento de despedirnos. Ellos subieron al viejo, yo diría viejísimo tren que hace el recorrido de Puno a Cuzco y yo me quedaba con una muy grata impresión de aquellos jóvenes que acababa de conocer y, mientras contemplaba alejarse el tren, pensaba en aquella gentil invitación que en aquellos días parecía poco viable o, al menos, bastante lejana de poder cristalizar. Esta fue mi primera vivencia con San Juan y su gente, indirecta y breve pero extraordinariamente agradable. Corrían los últimos días del mes de Noviembre de 1963 y aquella tarde gran parte de la población estaba al tanto de las noticias que trasmitía el radio: en Texas habían asesinado al presidente Kennedy.

cold weather that penetrated one's bones, at 4,000 meters above sea level and some 200 meters off the shore of Lake Titicaca. I can't really explain it but it was a unique and unforgettable experience. The night ended with more applause and expressions of congratulations for the young singers. That night's music awoke in me a nostalgia for the Caribbean with which I went to sleep.

Early the next morning I had the opportunity to chat with the young man who sang and spoke the previous night. His name was Pablo Colón. He lived in Santurce, Puerto Rico, and was directing a group of missionaries from the island, who had toured Bolivia for a month and were on their way to Peru. I told him how much I had enjoyed listening to their songs and we began to talk about Puerto Rico. Pablo spoke of his home land with a profound but humilitous pride; his enthusiasm allowed me to comprehend the sentiment of the songs I heard the previous night. As he described the beauty of San Juan, his hands' gestures and the sparkle in his eyes reenforced his words. Colón seemed more like a travel agent trying to sell me a tour package. He offered me the hospitality of his home if ever visited Puerto Rico.

Pablo Colón and the other members of the missionary group were heading towards Cuzco, the ancient capital of the Inca empire; I walked with them to the railroad station located across from the hotel. As they purchased some local crafts for souvenirs I gave them tips on how to bargain for the best prices; In Peru, bargain shopping is the second national sport, behind soccer, of course. Soon it was time to say goodbye. They boarded the old —actually, the very old— -train that linked Puno to Cuzco. I stayed behind with a very pleasant impression of the group of young men that I had just met. As the train puffed away I thought about the kind invitation to visit San Juan, although at the time it seemed quite unviable, very remote at best. Thus went my first experience with San Juan and its people, brief and indirect, but most pleasant. November 1963 was unfolding and that afternoon the townspeople remained attentive to the radio news: In Texas a gunman had assassinated president Kennedy.

Another Colón, Christopher (Columbus), had discovered Puerto Rico in 1493; I discovered it a little bit later, in 1965. The

Otro Colón, éste llamado Cristóbal, había descubierto a Puerto Rico, en 1493, yo lo hice después, en 1965. La ocasión se presentó cuando decidimos visitar a familiares de mi esposa Luisa, que residían en Guaynabo, lo cual nos permitió conocer a San Juan y otros bellos lugares de la isla. Fue un amor a primera vista que ha persistido y acrecentado durante más de 30 años. Pablo Colón tenía razón en todo lo que me había dicho. A él no le volví a ver. Supe que regresó a Sur América y que por un tiempo fue misionero en Perú y Ecuador pero, aún cuando no sé su paradero actual, su persona estará siempre en mi memoria. Durante nuestra visita uno de los paseos fue a la ciudad de Ponce a la que nos dirigimos por la antigua carretera número uno y al llegar al sector conocido como La Piquiña nos detuvimos a contemplar el paisaje y comer unas alcapurrias, las primeras de las muchas que a la fecha he disfrutado. En la pared de una terraza casi en ruinas que en el lugar había, escribí medio en serio y medio en broma: "como Douglas MacArthur, volveré". Fueron palabras proféticas pues en mayo de 1970 la empresa para la cual trabajaba en Sur América me ofreció una posición en su subsidiaria en Puerto Rico. La oferta la acepté con tanta rapidez como alegría, un gran regocijo para toda la familia.

He tenido la suerte de conocer la majestuosa Habana, lugar donde nací y que siempre llevaré dentro de mi corazón, la señorial Lima, la ciudad de los reyes, donde dejé grandes amigos y de la que guardo imborrables recuerdos y también Cartagena de Indias en Colombia, hermosa y acogedora ciudad donde el modernismo no ha podido opacar su maravillosa arquitectura del pasado. San Juan tiene algo de cada una de ellas y mucho de las tres en conjunto. San Juan es única por sus rasgos en contraste de una ciudad que es a la vez pequeña pero grande, colonial y moderna, comercial y romántica, notable por sus galerías y fortificaciones, el colorido de sus calles y la alegría de su gente, sus hermosas fachadas y bellos balcones, sus piragüeros y sus tapones, por su ardiente sol tropical y la refrescante brisa que le llega del mar, por su humilde lancha de Cataño que a diario da la bienvenida a los lujosos cruceros que nos visitan. Estas son sólo algunas de las cosas, unas grandes y otras sencillas, que se aglutinan para trasmitir ese carácter propio de un encanto del que es imposible escapar... Así es mi San Juan.

opportunity arose for us to visit some relatives of my wife, Luisa, who lived in Guaynabo, a town that is part of the Metropolitan Area of San Juan. We also got to know other beautiful places in the interior of Puerto Rico. San Juan caught my eye and captured my heart. It was a love at first sight that has endured and grown over the past thirty years. Pablo Colón's descriptions proved to be accurate. I never got to see him again. I know that he served some time as a missionary in Peru and Ecuador. Although we lost track of each other, I shall remember him always.

I recall that on a trip to Ponce, via the old Route 1, we made a stop in a rest area near La Piquiña to enjoy the scenic sights. While there, somewhat tongue-in-cheek I scribbled on a wall: "Like Douglas MacArthur, I shall return." These turned out to be prophetic words. In 1970 the company for which I worked in South America offered me a position at its Puerto Rico subsidiary. I gladly accepted the offer right away; my family welcomed the move.

I have been fortunate to get to know the majestic city of Havana, my place of birth for which I have a most special place in my heart; the seignorial city of Lima, aptly nicknamed the City of Kings, where I made many great friends and of which I keep many fond memories; and also Cartagena de Indias, on Colombia's coast, a beautiful and hospitable city in which modernity has not overshadowed the wonderful colonial architecture. San Juan has a bit of all three. San Juan is unique for its contrasting features: a city that is both small and big, modern and colonial, commercial and romantic. San Juan is unique for its galleries and its fortifications, its cobble stone streets and its sentry boxes, the beautiful facades of its houses and their elegant balconies, its snow cone vendors and its traffic jams, for its Cataño ferry which welcomes the large cruise ships that visit the bay. These are only a few of the things, some small, some grand, that come together to create a sense of enchantment that is impossible to elude.

I should mention that in my correspondence with my friends I always included a few lines describing the beautiful sights of Puerto

Cabe anotar que en las cartas a mis amigos siempre dedicaba unas líneas sobre las bellezas de Puerto Rico a la vez que les invitaba a visitarnos. Aún lo hago pero debo reconocer que mis limitaciones narrativas me impedían hacer justicia a la realidad. Un día mi entrañable amigo peruano, Hernán Zuzunaga, me escribió: "si dices que no puedes describirla con palabras, "Caraj...", mándame unas de tus fotos". Eso fue lo que hice y lo he seguido haciendo con bastante regularidad. Mi esposa bromea, (al menos creo que bromea), cuando me dice que debiera reclamar algún pago por la Compañía de Turismo por esa labor. Hernán nos visitó en 1976 y volvió en 1981, sólo unos meses antes de morir en su tierra natal de Arequipa. A él también le encantó San Juan.

He sido aficionado a la fotografía desde que tenía once o doce años y junto a la historia y la música ligera han continuado siendo mis pasatiempos favoritos hasta hoy día. No soy un fotógrafo, quiero decir, lo que la gente llama fotógrafo profesional. El único dinero que he ganado con fotografías, muy poco por cierto, fue retratando a mis compañeros durante las clases prácticas de anatomía en la escuela de medicina de la Universidad de La Habana a principios de los años cincuenta. Todos ellos posaban muy serios para la posteridad, vestidos con sus largas batas blancas y blandiendo en sus manos amenazadoramente un pequeño e inofensivo bisturí, a la vez que exigiendo que al tomarles la foto el cadáver en la camilla estuviera bien enfocado. Yo hacía lo mejor posible para complacerlos a cambio de veinte centavos por foto. Desde aquellos tiempos, de los sitios donde he vivido, o a los que he tenido la oportunidad de viajar, siempre he cuidado de tomar y guardar fotos para revivir experiencias personales y de la familia. Para mi fotografiar paisajes o escenas es como salir de cacería, sin rifle pero con mi cámara, buscando lo hermoso que Dios ha creado en la tierra o lo interesante que la mano del hombre fabricó. Cuando viajaba con mi familia muchas fueron las protestas que oía de mis hijos cuando yo me detenía más tiempo de lo normal en algún sitio a fin de buscar un mejor ángulo o iluminación para componer mi foto. Lo que más les desesperaba era cuando algo o alguien se interponía entre mi cámara y la vista a tomar y yo decidía esperar pacientemente que el obstáculo se retirara. Mi pasión por la fotografía se mantiene hasta hoy, la única diferencia es que los que protestan ahora son mis nietos.

Rico. I tried my best, but must confess that my limited writing skills kept me from doing full justice to reality. One day my very dear friend Hernán Zuzunaga wrote to me: "If you can not describe it with words, dam..t, send me some photographs." I did precisely that and I have continued to do so: when I send letters to my friends I usually include a photo of one of this island's beautiful sights. My wife kids me (I think she is kidding) by telling me that I should charge the Puerto Rico Tourism Company for services rendered over the years. Hernán and his wife came to visit us in 1976 and again in 1981, a few months before his death in his hometown in Arequipa, Peru. He too fell in love with San Juan.

Photography has been my favorite hobby since I was eleven or twelve years old. I am not a photographer in the professional sense of the word. What little money I have made taking pictures I made many years ago, in the early 1950s, when I photographed my classmates in the anatomy class at the School of Medicine of the University of Havana. They all posed solemnly with their long white robes, wielding their small unthreatenning scalpels and demanding that the corpse come out in focus.

There is a large body of books and publications, many of them quite good and interesting, which tell us about San Juan, its people, customs, legends, architecture, and places of interest. Some of these include large numbers of photographs. Here I have tried to produce a book that conveys the pleasures that one experiences while traversing the streets of San Juan, visually admiring and becoming part of the scenery. Some sights are so beautiful that it is impossible to describe them just with words. I have recurred to the photographic lens to make them justice. In making this book I walked all the streets of Old San Juan, and did so more than once. I had many wonderful experiences interacting with the people of San Juan, some who lived there others visiting, who kindly cooperated with my work in one way or another--I hesitate to use the word "work" because I enjoyed it so much. I have incurred debts with several families of the residential northern part of the city, who offered me a cup of coffee here, a glass of orange juice further down the street. In Calle Luna a conversation with the Prades-Otero family, a family that I had not met before, culminated with an invitation to share a succulent

Sobre San Juan hay gran cantidad de libros y guías muy buenos e interesantes que hablan sobre sus gentes, costumbres, historia y leyendas y que describen su arquitectura y lugares de interés, algunos de ellos con gran número de ilustraciones. Yo he deseado producir un libro en el que se pudiera transmitir en sus páginas el placer que se experimenta al uno dar un paseo por las calles de San Juan, no sólo mirando, sino realmente viendo y viviendo su ambiente. Hay lugares de tal belleza que es literalmente imposible darlos a conocer utilizando sólo palabras por lo que decidí recurrir al lente de una cámara para tratar de lograrlo. Para preparar este libro caminé calle por calle el Viejo San Juan y no sólo una vez. Tuve muchas gratas experiencias tratando con sus habitantes, residentes unos, visitantes otros, quienes gentilmente cooperaron con mi trabajo de una forma u otra. La palabra trabajo no es la más correcta a emplear aquí pues verdaderamente fue un placentero pasear por sus calles todo el tiempo. Estoy en deuda con varias familias de la zona residencial al norte de la ciudad las que no solo me orientaron sino que me mostraron su hospitalidad ofreciéndome una taza de café aquí o un vaso de jugo de china más adelante. En la calle Luna una conversación con la familia Prades-Otero, a la cual no conocía previamente, terminó con un suculento asopao de mariscos con tostones preparado por la abuela doña, Tita. En otra ocasión, al refugiarme de una inesperada llovizna, tuve que sentarme, ante la insistente invitación de los parroquianos, a jugar dóminos con un grupo de "jóvenes sesentones" en el cafetín de don Pablo, un utuadeño completamente "sanjuanizado". La partida de dóminos no se terminó pues todos los presentes, incluyéndome a mi, nos enfrascamos en una discusión en la cual cada uno trataba de explicar en la forma más científica posible la aparición del famoso "chupa-cabras", tema de obligada conversación en esos días.

Caminar por las calles de San Juan durante algunas horas, al sol, en pleno verano representaba sudar copiosamente pero yo siempre reponía mis energías tomando una fórmula que había aprendido de mi padre años atrás. El, al igual que yo, no bebía, pero para reponer el líquido perdido por el calor, mezclaba una cerveza y una seven-up, ambas bien frías; de más está decir que cada vez que lo hice tuve que dar una explicación sobre ello al sorprendido cantinero y a algún que otro incrédulo parroquiano. El día que más

seafood rice soup with fried green plantains kindly prepared by the grandmother, Doña Tita. On another occasion, while seeking refuge from an unexpected rain shower, I was invited to join a game of dominoes being played by a group of young men "in their sixties" inside of the coffee shop of Don Pablo, a totally "Sanjuanized" native of Utuado. We never got to finish the game, as we entered into a "scientific discussion" about the sightings of the famous "chupa-cabras," the obliged theme of conversation at the time.

Walking through the streets of San Juan under the bright summer sun translates into unending and profuse perspiration, but I replenished my energies with a formula I learned from my father many years ago. He was not a drinker and neither am I but both replaced the liquid lost through perspiration by mixing a cold beer and a cold can of Seven Up. As you can imagine, each time I prepared this concoction I had to provide some explanation to an unbelieving bar tender or some surprised bystander. The day in which I sweated the most was not precisely walking under the sun. A Friday afternoon, it was after 4:30, I entered the City Hall Building through a gate off calle Luna. This building's interior is exquisitely ornamented; its rooms, halls, staircases, lamps, and windows are quite beautiful. I took photo after photo, went up and down the staircases. I was so caught up with the pictures that I lost track of time; and when I was ready to leave the premises . . . Surprise! I realized that all doors had been closed and that I remained alone inside. I tried to see if any one else was inside but was truly by myself; I shouted for help but no one responded; I cried louder but to no avail. That was when I started to sweat. There was not a telephone in sight. I went up and down again but there was not a soul. I could not believe that I would have to spend the weekend there until the City hall employes came back to work on Monday. I did not want to believe it but it crossed my mind. I tried to open the windows to the street but these were hermetically closed. I even thought that I could land in jail for trespassing and I sweated even more. At last, past 6:30 in the afternoon, I managed to open a tiny window on the fourth floor and caught the attention of a guard stationed across the street. Fortunately he turned out to be one of City Hall's guards.

sudé no fue precisamente caminando bajo el sol. Un viernes por la tarde, pasadas las cuatro, entré al edificio de la alcaldía por la puerta que da a la calle Luna. Sus interiores son de una exquisita elegancia, sus salones, pasillos, escaleras, lámparas, vitrales, todo de gran belleza. Tomé foto tras foto, subía escaleras, las bajaba, volvía a subirlas y caminaba por los corredores buscando cuanto rincón había en el lugar. Tan absorto estaba en mi labor que no reparé que el tiempo transcurría y cuando al fin decidí retirarme... sorpresa... me encontré con todas las puertas cerradas... y completamente solo en el lugar. Traté de buscar a alguien pero estaba realmente solo. Llamé en voz alta pero nadie respondió, luego grité y nada y ahí fue cuando empecé a sudar. No había ni un teléfono a la vista. Subí escaleras, las bajé, caminé y no había un alma. No podía creer que tendría que pasar allí el fin de semana hasta que llegara la gente el lunes a trabajar. Me negaba a creerlo pero lo pensaba y sudaba. Traté de abrir alguna de las ventanas que daban a la calle pero estaban herméticamente cerradas. Me pasó por la mente que hasta podría ir preso por entrometido, quizás sospechoso de alguna fechoría y más sudaba. Al fin pasadas las seis de la tarde, cuando ya comenzaba a obscurecer, logré abrir una pequeña ventana en el último piso que daba a la calle Luna y pude atraer la atención de un guardia que para suerte mía, resultó ser uno de los guardianes de la alcaldía. El entró, me identifiqué y le expliqué lo sucedido y después de hacerme algunas preguntas y de asegurarse que las únicas armas que tenía eran mis dos cámaras fotográficas me dejó ir, sin que pudiera ocultar de su rostro una media sonrisa algo burlona por lo bizarro del caso. Con un suspiro de alivio salí tan rápido como pude, doblé la esquina y entré en el primer cafetín que encontré; había sudado tanto que pedí una cerveza, pero esta vez la tomé sin la seven-up.

Mentiría si no dijese que disfruté cada minuto que dediqué a preparar esta obra, en especial en las calles de San Juan, saboreando piraguas y churros en la Dársena, las refrescantes piñas coladas en el Paseo de la Princesa o chupando chinas mondadas junto al Parque de las Palomas.

El libro que tiene en sus manos no es un libro de historia con ilustraciones ni tampoco de narraciones y mucho menos tiene pretensiones literarias. Ese no es mi objetivo. Este es un libro para

He came into the building and I explained to him what had occurred. After a brief interrogation and realizing that the only weapons I carried were my two photographic cameras he let me go, grinning at the bizarre episode I had just recounted. I had perspired so much that I entered the nearest coffee shop around the corner and ordered a beer, no Seven Up this time. It was just what I needed.

I would be lying if I did not say that I enjoyed every minute dedicated to the preparation of this work, particularly the time spent in the streets of San Juan, where I enjoyed the snow cones and the churros at La Darsena, the refreshing piña coladas at el Paseo de la Princesa, or sucking on peeled oranges next to el Parque de las Palomas.

The book you are holding is not an illustrated history book, nor is it a narrative book with literary pretensions. Those were not my intentions. This is primarily a book to be viewed not to be read. I simply hope that it recreates the experience of a nice stroll through the city, with a sprinkling of comments here and there like the ones I would make if I was walking with a visiting friend. My wish is to share with you several of the beautiful sights and scenes that this city has to offer, scenes that are often looked at but not carefully viewed. These places have been preserved for our enjoyment thanks to the interest and efforts of the Governments of the United States, the Commonwealth of Puerto Rico, and the Municipal Government of San Juan, and institutions such as the Institute of Puerto Rican Culture, the Office of State Historic Preservation, the Ateneo, the Conservation Trust, and the National Parks Service, among others. All of us, residents and visitors alike, should appreciate the restoration and preservation efforts carried out in this historic zone. Some of its components such as the San Felipe del Morro Fort, the San Cristobal Fort, the remaining City Walls, and the Governor's Mansion have been declared world class historic sites by the UNESCO.

With this book I also attempt to share San Juan not only with foreign tourists but with the island's residents as well. During my photographic excursions I was struck by the fact that very

ser visto, más no para ser leído. Se trata simplemente de lo que espero sea un paseo gráfico por la ciudad al que he agregado unos breves comentarios como los que haría acompañado a un amigo visitante al caminar por sus calles. Mi real deseo es compartir con usted algunas de las muchas vistas, hermosas e interesantes, que ofrece esta ciudad, escenas que tantos ojos miran pero que a veces no ven. Lugares que han sido preservados para nosotros gracias al esfuerzo del gobierno del Estado Libre Asociado de Puerto Rico y de la municipalidad de San Juan así como del interés de instituciones tales como el Instituto de Cultura Puertorriqueña, el Fideicomiso de Conservación, el Ateneo, la Oficina de Preservación Histórica y el Servicio Nacional de Parques del gobierno de los Estados Unidos, entre otros. Todos nosotros, residentes o visitantes, tenemos que estar agradecidos y reconocer las labores de conservación realizadas en el Viejo San Juan, algunos de cuyos sitios han sido declarados Patrimonios de la Humanidad por la UNESCO, tales como la Fortaleza de San Felipe, el Morro, el Castillo de San Cristóbal, las murallas de la ciudad y la Fortaleza. También pretendo por medio de estas páginas, dar a conocer un poco mejor a San Juan, no sólo a los turistas que nos visitan, sino a los propios residentes de la isla. Me ha llamado la atención las pocas personas, generalmente turistas, que visitan lugares tan hermosos como la plazoleta de La Rogativa, por ejemplo. Investigando un poco comprendí que no son muchos los que conocen su localización y menos aún los que saben la historia detrás de su creación. El Viejo San Juan tiene mucho que ofrecer a aquellos que se aventuran más allá de las calles Fortaleza y San Francisco. Ojalá logre mi propósito.

Esta obra es también mí modesta pero sincera forma de decir gracias a Puerto Rico y a su gente, que acogieron a mi familia con brazos y corazones abiertos. Esta tierra vio crecer a mis hijos y nacer a mis nietos para formar así una familia puertorriqueña más, con profundas raíces de amor y gratitud.

A quienes me han preguntado qué equipo he utilizado para esta obra les he contestado que una ya veterana NIKON EM con un lente Sigma 70-135, una muy manejable Minolta Panoramic 28.70, una CANON T-90 con lente 75-205 y película ELITE y EKTACHROME KODAK 100/400. A ello agregué amor, mucho amor.

few people, mostly tourists, visited some of the beautiful sights such as the plaza of the monument of la Rogativa. An informal survey that I conducted reflects the fact that few of the island's residents know about or remember ever hearing about la Rogativa, that many of those who know about it do not know where it is located and have not visited it, and even less people are familiar with the fascinating story behind it. San Juan has lots to offer beyond the many stores that line la Fortaleza and San Francisco streets, its most visited thoroughfares. There are, likewise, many places of interest besides the popular Parque de las Palomas. I hope to succeed with this goal.

This work is also my modest but very sincere way of expressing my gratitude to Puerto Rico and its people for having received my family with open arms and open hearts. In this land my children grew up and my grandchildren were born and we became another Puerto Rican family with deep roots of gratitude and love.

To those who have asked what photographic equipment I have employed, I have said that I use a rather seasoned Nikon EM with a Sigma lens 70-135, a very manageable Minolta Panoramic 28-70, one Canon T-90 with lens 75-205, Elite and Ektachrome Kodak 100/400 film, and lots of love.

Before closing I also wish to state that among the photographs included in this publication there are some of commercial and financial institutions, all of enormous prestige within their areas of business. We have included them because of their historic and community value or because of their aesthetic importance. In no case have we either solicited or received any monetary compensation from them. The pages of this book are enriched with their graphic representation, and that is more than enough.

Finally, I wish to express my gratitude towards my friend Andrés Palomares and the rest of the staff of Publicaciones Puertorriqueñas, Eva Gotay and Haydeé Gotay for their wonderful job in the preparation, design and art of this book. I also want to thank my son, Dr. Luis Martínez-Fernández, who inspired me to

Quiero antes de concluir estas líneas aclarar que entre las fotos aquí presentadas, hay algunas de entidades comerciales, todas de gran prestigio en sus ramos, que las hemos incluido ya sea por su valor histórico o de tradición en la comunidad o por su interés gráfico y de belleza escénica. En ningún caso hemos solicitado ni recibido remuneración económica o de ninguna índole de parte de ellas. Las páginas de este libro se enriquecen con sus imágenes y eso nos basta.

Deseo por último agradecer al amigo Andrés Palomares, editor de Publicaciones Puertorriqueñas por la oportunidad de realizar esta obra y por la orientación y recomendaciones de él recibidas para este proyecto y la confianza que en mi depositó para llevarlo a cabo. Así como a Eva Gotay y Haydeé Gotay por su valioso trabajo en la preparación, diseño y arte de este libro. También doy las gracias a mi hijo, el Dr. Luis Martínez-Fernández, sin cuya motivación y ejemplo no hubiera podido realizarla. A Dios le doy gracias todos los días de mi vida por vivir en esta bendita tierra y tener vista para disfrutar sus bellezas.

Y ahora amigo... lector, le invito a que salgamos a pasear por el Viejo, y el no tan viejo San Juan.

carry on this project; with out his motivation and example I would have not finished this book. I thank God every day of my life for the opportunity to live in this blessed land and for the gift of sight which allows me to enjoy its beauty.

Now my dear reader, let's go for a stroll around the old, and the not so old, San Juan.

Caparra: El comienzo

Antes de iniciar nuestro paseo por las calles de San Juan, vamos a hacer una breve visita a la cercana Caparra, en Guaynabo, lugar qué fue el origen de lo que hoy es la capital de Puerto Rico. De aquel primer asentamiento español en la isla, en 1508, hoy solo queda visible las ruinas de piedra de la casa de Juan Ponce de León, junto a la que se ha construido recientemente un pequeño museo, todo ello enmarcado por hermosos jardines. Esta zona, abandonada entre los años 1519 y 1521 por ser tan insalubre como indefendible ante los frecuentes ataques de los indios, se ha convertido hoy en un atractivo complejo de lujosas residencias, modernos edificios y grandes centros comerciales.

Verja de la entrada a las Ruinas de Caparra
Iron Gate at the entrance of the Caparra Ruins

Ruinas de Caparra
Caparra Ruins

Iglesia San José
San Jose Church

The Beginnings: The Village of Caparra

Before we begin our walking tour through the streets of San Juan, let us pay a brief visit to neighboring Caparra, in Guaynabo, the original settlement site that anteceded what today is the capital of Puerto Rico. Of that first settlement, begun in 1508, only remain the ruins of Juan Ponce de León's stone house. Next to these ruins, and framed by beautiful gardens, stands a small museum. This area was abandoned by the original conquistadors between 1519 and 1521, as they deemed it unhealthy and indefensible against the frequent attacks by native warriors. Today, Caparra is graced by luxurious mansions, modern apartment buildings, and large shopping malls.

Área de Caparra
Caparra Environs

Jardines en Caparra
Gardens of Caparra

Alrededor de Caparra, hoy
Around Caparra, today

Entrando a la isleta de San Juan

Vamos a comenzar nuestro recorrido hacia el Viejo San Juan ante una de las vistas mas conocidas y admiradas de la ciudad, la que forman el hotel Caribe Hilton y el fortín de San Gerónimo, construido este último a mediados del siglo XVII para la defensa de la pequeña bahía del Condado, convertida hoy en la laguna del mismo nombre, así como la playa del Escambrón, tan propicia y vulnerable a los desembarcos de tropas enemigas. Este fuerte ha sufrido los efectos del tiempo, de ataques, incendios y huracanes, no obstante los cuales, hoy lo podemos visitar gracias a las obras de restauración en él llevadas a cabo; en su interior hay un pequeño pero muy interesante museo militar de la época colonial. Dejando a nuestras espaldas la hermosa laguna del Condado, tomamos por la avenida Muñoz Rivera que nos conducirá directamente hasta la plaza Colón, que se considera la entrada a lo que realmente es la zona antigua de la ciudad. En este trayecto, en gran parte del cual disfrutaremos de una refrescante vista del océano Atlántico, tendremos un desfile de hermosas edificaciones, siendo la primera de ellas el hotel Normandie, excelente muestra del estilo Art Deco de fines de los años treinta. Cruzando la calle está el edificio del Tribunal Supremo y a corta distancia

Navidades, llegada de los Tres Reyes Magos, frente al Capitlolio
Christmas, the arrival of the Three Kings to San Juan

Entrando a la isleta de San Juan
Entering the islet of San Juan

Entering the Islet of San Juan

We begin our tour of San Juan in one of the best known and best admired of the city's locations: the area comprised of the Caribe Hilton Hotel and Fort San Gerónimo. The latter was built in the mid 1600s for the defense of the Condado Bay, later converted into the lagoon that bears the same name, as well as for the defense of the beach of El Escambrón, for so long a point vulnerable to the attack of enemy troops. Fort San Gerónimo has endured the weathering effects of time, of foreign attacks, fires, and hurricanes. Thanks to restoration efforts, however, the fort remains standing and open to visitors. Inside the fort's stubborn walls is located a small but very interesting museum with exhibits of colonial military history.

We leave behind the beautiful Condado Lagoon and proceed up Muñoz Rivera Avenue, an ocean front thoroughfare that will lead us directly to Columbus's Plaza, which is considered the gateway to what constitutes the older part of the city. This trajectory provides a breathtaking view of the Atlantic Ocean to the north. The view is also graced by splendid structures, the first of which is the ship-shaped Normandie Hotel, an excellent example of art deco architecture dating

Hotel Radisson Normandie
Hotel Radisson Normandie

Capitolio Estatal
State Capitol

Interior del Capitolio
Interior of the Capitol

Salón principal del Capitolio
Capitol's Main hall

de este, dentro del parque Muñoz Rivera, se encuentra el polvorín de San Gerónimo, reservado hoy para exhibiciones de arte pero que fue, en otras épocas, de invaluable apoyo para la defensa de la ciudad. Una vez pasado una serie de murales, unos más artísticos que otros, nos encontramos con el edificio de la antigua Escuela de Medicina Tropical, hoy ocupado por oficinas del gobierno. Este palacete es sin duda uno de los más señoriales no solo de San Juan, sino de todo el Caribe. Rodeado de altos y frondosos árboles y situado al lado del Capitolio, la atracción visual e interés que este último despierta, hace que no sean pocos los que pasen sin notar su presencia. Llegamos así al Capitolio, el palacio de las leyes de Puerto Rico, imponente y majestuoso en su exterior, deslumbra al visitante que en su interior contempla los frescos que adornan la bóveda de su cúpula central y los arcos que la sostienen. En su salón principal se exhiben los originales de la constitución del Estado Libre Asociado de Puerto Rico. La verde colina situada frente al Capitolio, en época de navidad se convierte en centro de alegría e ilusiones para miles de niños que la visitan, pues es aquí, precisamente, por donde cada año llegan a la ciudad los tres reyes magos de nuestra tradición cristiana.

to the late 1930s. Across the street from the Normandie we find the building that houses Puerto Rico's Supreme Court; not far behind it we see Fort San Gerónimo's magazine, a structure that was an integral part of the islet's defensive complex and which today is used to exhibit works of art. Back on Muñoz Rivera Avenue, past a series of murals, some more artistic than others, we come face to face with the building of the old School of Tropical Medicine, which today houses the offices of houses offices of the local goverment. This palatial structure is doubtless one of the most seignorial of San Juan, if not of the entire Caribbean. Flanked by tall and luxuriant trees and located next to the Capitol building, the beauty of the building of the old School of Tropical Medicine draws the attention of most who pass by it.

Our next sight is the Capitol, the island's palace of the laws; imposing and majestic in its neoclassical exterior, it dazzles the visitor who contemplates the frescoes that adorn the vault of its central dome and the manifold arcs that buttress it. The originals of the Constitution of the Commonwealth of Puerto Rico, which went into effect in 1952, are proudly displayed in the Capitol's main hall. The green hill across the Capitol comes to life every Christmas season as a center of joy and dreams for the thousands of children who visit it; it is there that every year arrive the gift-laden Three Kings of our Christian tradition.

Mural frente al mar
Mural facing the Ocean

Antiguo Edificio de la
Escuela de Medicina Tropical
Building of the Former
School of Tropical Medicine

Alrededor de la Plaza Colón

Escuela Julián Acosta
Julian Acosta School

Esta plaza, así llamada en honor a Cristóbal Colón, puede considerarse punto de partida hacia lo que realmente fue el área original de los que hoy conocemos como el Viejo San Juan, ya que hasta aquí se extendía la porción más oriental de las murallas que rodeaban la ciudad. Llamada originalmente plaza Santiago, cambió de nombre cuando en 1894 se erigió la estatua al descubridor de América en el

Estatua de Cristóbal Colón
Statue of Christopher Columbus

Around Columbus's Plaza

This Plaza, named in honor of the Admiral Christopher Columbus, can be considered the starting point of what originally was what we know today as Old San Juan. At this location there once stood the eastern gate to the walled city of San Juan. The plaza, originally called Santiago's Plaza, was renamed in 1894 when a statue was erected in honor of the discoverer of America. The statue of Juan Ponce de León, which had stood there until then, was transferred to the plaza facing the

Plaza Colón
Columbus Plaza

Alrededor de la Plaza Colón
Around Columbus Plaza

Teatro Tapia
Tapia Theater

Antiguos baños públicos
Old Public Baths

Calle San Francisco
San Francisco Street

sitio que antes ocupaba una de Juan Ponce de León, relocalizada ésta frente al convento de los dominicos. Este monumento tiene en su base cuatro placas en bronce con escenas en relieve sobre el descubrimiento de la isla y en su parte alta, la estatua de Colón, obra del escultor italiano Achille Canessa. Frente a la plaza podemos admirar el legendario teatro municipal, que lleva hoy el nombre de Teatro Tapia en honor de don Alejandro Tapia, ilustre literato nacido en San Juan. Este teatro es uno de los más antiguos de América, cuya inauguración se remonta al año 1830 para celebrar un baile con motivo de la boda en España de Fernando VII y María Cristina de Nápoles, aunque cabe señalar, que la construcción del edificio no se concluyó hasta varios años después. Otro punto de gran atracción aquí es la palaciega estructura del antiguo Casino de Puerto Rico construido sobre terrenos previamente ocupados por las murallas de la ciudad, las que fueron destruidas en el año de 1897. Este edificio, con su dominante estilo francés, es hoy asiento del Centro de Ceremonias y Recepciones del gobierno estatal. Los alrededores de la plaza Colón tienen innumerables rincones de interés para el caminante, destacándose entre ellos, la plazoleta dedicada al notable músico Arturo Somohano, al igual que Tapia, oriundo de esta ciudad.

Dominican Convent, where it still stands. The monument to Columbus has in its base four bronze plaques engraved with scenes of the discovery of Puerto Rico. Towering over the plaza, stands a statue of Columbus, the work of Italian sculptor Achille Canessa.

In front of Columbus's Plaza one can admire the legendary municipal theater, which bears the name of Teatro Tapia, in honor of the San Juan-born writer Alejandro Tapia. The Teatro Tapia is one of the oldest theaters of the New World. It was inaugurated in 1830 in celebration of the royal wedding in Spain of King Ferdinand VII and María Cristina of Naples. It took several years, however, for the theater's construction to be completed. A nearby place of interest is the palatial edifice of the old aristocratic social club, El Casino de Puerto Rico. It was built on terrain previously occupied by the city walls, whose demolition began in 1897. With its imposing French architectural style, this building is currently used by the Commonwealth government to host special ceremonies and receptions. The area surrounding Columbus's Plaza is full of spots of interest for the walking tourist, among these is the small plaza dedicated to the renowned musician Arturo Somohano, also a San Juan native.

Calle O'Donell
O'Donell Street

Calle Recinto Sur
Recinto Sur Street

Estatua del Músico Arturo Somohano
Statue of Arturo Somohano, Musician

"La Casita", centro de información de
la Compañía de Turismo de Puerto Rico.
"La Casita", information Center of the
Puerto Rico Tourism Company

La zona portuaria

Algo que llama la atención al visitante, en especial al que llega abordo de los cruceros que frecuentan nuestro puerto, es el ambiente de limpieza y orden de nuestros muelles, en marcado contraste con los de otras ciudades en que generalmente son un conjunto de callejones, almacenes y contenedores de carga apilados unos sobre otros y en donde la higiene y seguridad dejan mucho que desear. Posiblemente el

Entrada Aduana Federal
Entrance to the Federal
Custom House Building

A la izquierda vemos el Edificio de la Aduana Federal
To the left we can see the Federal Custom House Building

The Pier Zone

Something that strikes San Juan's visitors, especially those who arrive on board the many cruise ships that call on the port, is the port's cleanliness and sense of order, which contrast markedly with piers of so many other cities that offer unsightly scenes of dark alleyways, warehouses, and piles of shipping containers, and where cleanliness and security leave much to be desired.

Área turística de la zona portuaria
Pier Tourist Zone

Antiguo Edificio Federal frente a la bahía
Old Federal Building facing the bay

Entrando a "El Arsenal"
Entering to "El Arsenal"

Visita del Viejo San Juan desde "El Arsenal"
View of Old San Juan from "El Arsenal"

lugar de mayor aglomeración de público en todo San Juan es el área de la Dársena, en especial al atardecer de los fines de semana. Aquí, en la Casita, la pequeña y hermosa casa situada a corta distancia de donde atracan los barcos, el turista recibe amplia información en una oficina de la Compañía de Turismo del gobierno insular, no sólo sobre los lugares de interés en la ciudad, sino además, folletos y mapas que le orientarán para visitar toda la isla. En los alrededores se levantan docenas de quioscos donde dibujantes y artesanos se mezclan con vendedores de churros, piraguas y pinchos mientras en la cercana glorieta, cantantes y conjuntos musicales alegran el ambiente con sus melodías, unas veces románticas y otras con el más movido ritmo de salsa y merengue. Así, es esta atmósfera entre popular y bohemia, mientras unos contemplan relajadamente los lujosos cruceros allí anclados, otros juegan despreocupadamente partidas de dominos, indiferentes al gentío que pasa de largo rumbo al cercano Paseo de la Princesa. Desde aquí también se puede iniciar un romántico recorrido en coches tirados por caballos o quizás abordar la más democrática, -y económica-, lancha de Cataño para una siempre refrescante travesía por la bahía. La torre del Banco Popular, otro ejemplo de Art Deco construida a finales de los años treinta, enriquece la escena, al igual que el hermoso edificio rosado de la aduana federal que aquí bordea las aguas de la

Precisely here in the pier zone of San Juan we find what is perhaps the city's biggest site for social gathering and interaction, specially during weekend nights. It is called La Dársena. Here we find La Casita, a quaint little structure located not far from where the cruise ships lay anchor. At La Casita tourists receive information from the office of Puerto Rico's Tourism Company. It offers a wealth of information not only about the city's tourist spots but also provides maps and pamphlets about other parts of the island.

Frente portuario
Pier Zone

Nearby, there are scores of kiosks shared by painters, craftsmen, and vendors of *churros*, *piraguas*, and *pinchos*. Not far away, stands a gazebo in which singers and musicians provide entertainment to the tune of romantic melodies or the faster rhythms of *salsa* and *merengue*. In this setting which combines the popular with the bohemian, some relax as they contemplate the luxury liners anchored in the bay, others play dominoes, not minding the passers by who walk toward the neighboring Paseo de la Princesa. At this location, one can hire a horse-drawn carriage for a romantic moonlight drive or can take the more democratic –certainly less expensive– Cataño Ferry for a refreshing sail across the bay.

Patio interior de "El Arsenal"
Garden inside "El Arsenal"

The towering building of the Banco Popular, with its late 1930s art deco style, adds to the splendor of the scene, just as does the quaint pink-colored Federal Customs Building, next to the bay's shore.

Camino al paseo de "La Princesa"
Going to "La Princesa" promenade

Paseo en La Darsena
La Darsena Plaza

bahía. A poca distancia vemos el llamado frente portuario, una zona en pleno desarrollo que una vez concluida estará formada por edificios de apartamentos y oficinas, tiendas, restaurantes, teatros y hoteles, todo ello manteniendo el rico estilo arquitectónico original del área; a este efecto se han conservado algunas fachadas de antiguos edificios que han sido parcialmente demolidos. Antes de abandonar esta área, no podemos dejar de visitar el Arsenal, en la Puntilla. Construido a principios del siglo XIX como base naval de las fuerzas coloniales españolas, fue el lugar de reembarque de las últimas tropas que regresaban a España al finalizar la guerra hispanoamericana. En la actualidad se llevan a cabo exposiciones de arte y actos culturales en sus amplios salones, al fondo de los cuales encontramos un hermoso parque desde el que se divisa una vista única de la zona portuaria, tan bella como poco conocida ya que son pocas las personas que descubren este apacible rincón de San Juan.

Plaza La Darsena
La Darsena Plaza

Apartamentos en La Puntilla
"La Puntilla" Apartments

Not far from here we find the Frente Portuario, a developing complex that will include apartment and office buildings, shops, resorts, theaters, and hotels, all of it in harmony with the pier zone's rich architectural tradition. To this effect, developers have preserved several of the original facades of the old structures that were partially demolished.

Before leaving this part of the city we must see El Arsenal, the old navy yard, in the area of La Puntilla. El Arsenal was built in the early part of the nineteenth century as a base for the Spanish navy. It eventually served as point of embarkation for the last Spanish soldiers, who departed following their defeat during the Hispanic-American War (1898). Presently, the buildings comprising El Arsenal are used for cultural events and art exhibits. Closer to the shore, behind El Arsenal, we encounter a little-known vantage point that offers an incredibly beautiful view of the bay.

Paseo del Puerto
"Del Puerto" Boulevard

Frente portuario
Ship and Hotel at San Juan bay front

Una de las estatuas del Paseo La Princesa
One of the Statue of the "La Princesa" Promenade

De La Princesa a La Rogativa

Recorremos ahora un precioso boulevard bordeado de árboles de multicolores flores y hermosas esculturas sin que falten aquí, los pintorescos quioscos de venta de artesanías y deliciosos bocadillos criollos, todo ello bajo la vigilancia de las majestuosas murallas, mudos testigos de la historia de la ciudad. Este paseo fue inaugurado a mediados del siglo XIX para celebrar el cumpleaños de la princesa de Asturias, a lo que debe su nombre de Paseo de la Princesa; con motivo de las fiestas para celebrar el quinto centenario del descubrimiento de

Ayer y Hoy
Yesterday and Today

From La Princesa to the Statue of La Rogativa

Let us now walk up the gorgeous La Princesa bay-side boulevard, flanked by beautiful sculptures and trees in multicolored bloom; also along the way, we find colorful kiosks in which crafts are sold along with delicious *frituras* (Creole fritters), all of this under the shade of the city's majestic walls, silent witnesses of the city's rich history. This boulevard was inaugurated in the middle of the nineteenth century to celebrate a birthday of the Princess of Asturias, after whom it was named. During the celebrations surrounding the quincentennial of the discovery of

"Raíces" Monumento a las raíces culturales de Puerto Rico
"Bronze Sculpture depicting the Island's diverse cultural roots"

Antigua carcel de "La Princesa" hoy oficinas de la Compañía de Turismo de Puerto Rico y Museo de Arte
A former jail known as "The Princesa", today is the headquaters of the Puerto Rico Tourism Company and a Gallery of Island Art.

Atardecer en el Paseo de la Princesa
Sunset at "La Princesa" promenade

Museo de Doña Felisa
Doña Felisa Museum

América ha sido totalmente restaurado y es uno de los lugares preferidos de recreación familiar en San Juan. Cada domingo, al atardecer, se reúnen aquí cientos de personas, en su mayoría pertenecientes a la llamada edad de oro, –los que algunos llaman envejecientes–, para disfrutar de agradables conciertos de nostálgicas melodías interpretadas por conocidos conjuntos musicales y coreados por los allí presentes. Siguiendo nuestro andar nos encontramos con el edificio que por años albergó la cárcel y que hoy comparten las oficinas de la Compañía de Turismo de Puerto Rico y un magnífico museo de arte contemporáneo con obras de notables pintores locales. Llegamos finalmente a poder admirar de cerca el regio grupo de figuras alegóricas a los

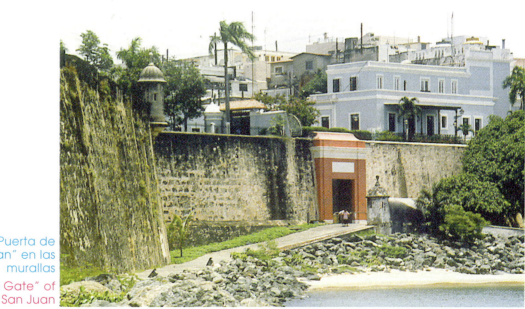

"La Puerta de San Juan" en las murallas
"The Gate" of San Juan

America, El Paseo de la Princesa was restored and it has since become one of San Juan's preferred spots for family recreation. Each Sunday, at dusk, hundreds of people, many of them senior citizens, gather here to enjoy exquisite concerts of nostalgic music by renowned musicians.

As we continue our walk we approach the structure that for many years served as the main jail. These facilities today house offices of the Tourism Bureau and a splendid museum with works by local artists. We then reach a magnificent set of allegorical sculptures that narrate the historical and cultural origins of the Puerto Rican nationality. These sculptures are aptly entitled *Raíces* (roots). As we continue northward, bordering the bay and under the protection of the city's walls, we reach the gate to San Juan, the only remaining gate of the gates that originally allowed

Alrededor de la Plazuela de "La Rogativa"
Around "La Rogativa" Square

La Bahía desde La Rogativa
View of the Bay from "The Rogativa"

La Rogativa
Monument of "The Rogativa"

Estatua en el Paseo de La Princesa
Statue at "The Princesa" promenade

Edificios sobre el Paseo de La Princesa
Buildings above "La Princesa" promenade

orígenes históricos y culturales de la nacionalidad puertorriqueña y que acertadamente lleva el nombre de Raíces... Bordeamos ahora las aguas de la bahía, protegidos siempre por las imponentes murallas, y nos acercamos a la llamada puerta de San Juan, única conservada en la actualidad de las que originalmente permitían el acceso al interior de la ciudad amurallada. Por esta puerta pasaban los marinos rumbo a la cercana catedral para dar gracias a Dios por la protección recibida durante su travesía. Al traspasar nosotros esta histórica puerta nos encontramos en una de las partes más bellas de la ciudad. Enmarcado por hermosas calles adoquinadas está el museo dedicado a la memoria de doña Felisa Rincón de Gautier, primera mujer electa alcaldesa de esta ciudad y a la que por sus muchos méritos personales le fue otorgado el título de Mujer Distinguida de las Américas en 1954. A corta distancia se encuentra el conjunto de esculturas conocido como La Rogativa, obra que trata de revivir la leyenda que cuenta que cuando el general inglés Abercromby preparaba, en 1797, el asalto final a la ciudad, la población salió a las calles tras su obispo una noche, para rogar a Dios por protección ante el invasor y que cuando estos vieron a la distancia tal cantidad de antorchas, estimando que la plaza estaba defendida por miles de soldados, decidieron reembarcarse sin presentar batalla. En esta plazoleta, al igual que en las calles aledañas, se nos ofrece un catálogo de hermosísimas casas de coloridas fachadas y bellísimos balcones repletos de flores.

access to the walled city. It was through this gate that sailors marched to the neighboring cathedral to thank God for the protection received during the sea journey. Crossing this gate we find one of the most beautiful parts of the city. Framed by cobble stone-paved streets we come face to face with a museum dedicated to the life and works of Doña Felisa Rincón de Gautier, the first woman to be elected mayor of San Juan. Her many merits earned her the title of Distinguished Woman of the Americas in 1954.

Not far from here we find a sculpture known as La Rogativa. This work of art recounts the legend that tells us that when the English General Abercromby prepared to attack the city in 1797, one night the residents of San Juan marched behind the bishop praying for protection against the invading forces. When the English saw the flaming sea of torches, they believed that thousands defended the city and decided to retreat rather than face defeat at their hands. From the small plaza in which La Rogativa stands as well as from the neighboring streets one can enjoy a fair catalogue of facades in multiple colors, adorned with beautiful flower-laden balconies.

Lámpara y flores en San Juan
Lamp and flowers of San Juan

Merendero
Open-Air Cafe

Parte posterior de la Puerta de San Juan
Interior side of "The Gate" of San Juan

El Morro y sus alrededores

Ante la imperiosa necesidad de una mejor defensa para la ciudad que la ofrecida por la endeble y no bien situada Fortaleza, la que a su vez había reemplazado a la Casa Blanca en estas tareas, en 1939 se comienza a construir en un promontorio que domina la entrada de la bahía, lo que con el tiempo se conocería como el Castillo de San Felipe del Morro; para nosotros hoy, simplemente: El Morro. Más de un siglo de continuas adiciones a su estructura fue necesario que transcurriese para que tomase la forma

Terrenos frente al Morro
Terrain in front of "El Morro"

Un crucero entrando a la Bahía
Ship entering the San Juan Bay

El Morro Fort and its Surroundings

Because of the pressing need for a better defense of the bay than the one offered by the weak and poorly situated Fortaleza and Casa Blanca, the Spaniards began to construct in 1539 at the bay's mouth a fortification that came to be known as San Felipe del Morro. Today most people refer to it simply as El Morro. It took centuries of expansions to the original fort before El Morro took the shape that we see today. Only once, before the fort was finished, it was captured by enemy forces under the command of George Clifford, Count

Entrada a La Fortaleza del Morro
Entrance to the Fortress of "El Morro"

Monumento por la victoria sobre los holandeses en 1625
Monument to commemorate the victory over the Dutch in 1625

Proyectiles de cañón en El Morro
Cannon projectiles at "El Morro"

final que hoy conocemos. Sólo en una ocasión, en 1598, antes de completarse su construcción, fue el Morro capturado por sus atacantes, las fuerzas inglesas bajo el mando de George Clifford, Conde de Cumberland; estas se vieron poco después obligadas a retirarse no sin antes saquear a incendiar la ciudad, tras haber sufrido sus tropas fuertes bajas, no en batallas, y si por los efectos de una nefasta epidemia de disentería que asoló la región.

En el interior del Morro podemos revivir la historia de sus luchas y el heroísmo de sus defensores recorriendo sus túneles, fosos y garitas, además, podemos disfrutar de un bien documentado museo militar dedicado específicamente a la época colonial. Cabe decir que esta fortaleza, la de San Cristóbal y la más pequeña de San Gerónimo, conjuntamente con el sistema de murallas

El antiguo manicomio, sede hoy de la Escuela de Artes Plásticas
Former Asylum for the Insane, today The School of Fines Arts

of Cumberland, in 1598. Not long after capturing the fort, the English invaders were forced to retreat, not without first pillaging and burning down the city. They had not been defeated in the battlefields but rather by the effects of a dysentery epidemic that desolated the city.

Inside El Morro one can relive the history of the many struggles over San Juan and the heroic way in which its defenders fought foreign aggression. A tour of El Morro uncovers a maze of tunnels, wells, and sentry boxes, as well as a fine museum of colonial military history. One should note that the

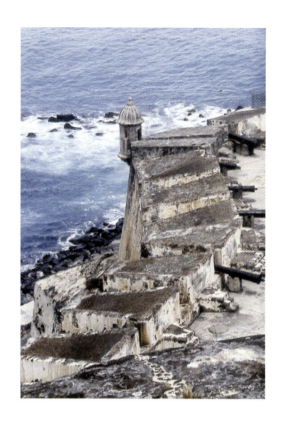

Fotos del interior de El Morro
Photos inside "El Morro"

Cementerio de la capital
Capital's Cementery

Vista parcial del Cementerio de la Ciudad
Partial view of the Capital's Cementery

El polvorín de Santa Elena
Santa Elena Gunpowder Magazine

que acordonaban la ciudad, hicieron de San Juan la segunda plaza militar más fortificada entre las colonias de las Américas, sólo superada por la existentes en Cartagena de Indias, en las costas de Colombia; esto dará al lector una idea de la importancia militar que a San Juan dio la corona española.

Frente al Morro se nos presenta un amplio campo que llama la atención por la total ausencia de árboles en toda su extensión y si bien esto priva al caminante de una refrescante sombra, tan necesaria al recorrer tan extenso paraje bajo el fuerte sol tropical, ha logrado, sin embargo, restituir al paisaje el aspecto original que tenía en sus primeros tiempos. Esto también ha proporcionado a padres e hijos un espacio abierto donde docenas de familias todos los fines de semana disfrutan de la sana diversión de lanzar al aire multicolores chiringas, bajo el mismo cielo que antes cruzaron tantos mortíferos proyectiles de guerra. Desde aquí es visible el polvorín de Santa Elena al igual que el monumento a los defensores del Morro durante el ataque de los holandeses en 1625. Destaca de forma especial la admirable arquitectura de lo que fue originalmente el manicomio insular, alojamiento hoy de la Escuela de Artes Plásticas. El cementerio de la capital, que lleva el nombre de Santa María Magdalena de Pazzis, se puede apreciar al otro extremo de la explanada, con la espléndida cúpula de su capilla central proyectando su silueta contra el blanqui-azul fondo que aquí ofrece el mar.

defensive complex composed of El Morro, Fort San Gerónimo, Fort San Cristóbal, and the city's walls made San Juan the second best fortified city of the New World. Only Cartagena, in the coast of Colombia, had a more sophisticated defensive complex. This demonstrates how important San Juan was to Spain's colonial authorities.

In front of El Morro rolls a field of striking appearance, totally devoid of trees. Although this deprives visitors from much needed shade, particularly during hot sunny days, it makes for a more historically accurate scene that looks closer to the way it did centuries ago. The open space also allows scores of children and adults to fly colorful kites under the same sky through which darted showers of bullets and cannon balls in centuries past. From this field we can catch a glimpse of the Santa Elena Magazine as well as of the monument in honor of those soldiers who defeated the Dutch in 1625. Of special significance is the nearby edifice that originally served as asylum for the insane. Today it houses the school of plastic arts. The city's cemetery which bears the name Santa María Magdalena de Pazzis is visible beyond the esplanade, the splendid dome of its central chapel casting a silhouette against the blue and white surf in its background.

Varias vistas de El Morro
Views inside "El Morro"

Plaza del Quinto Centenario
Quincentennial Square

Patio central del Cuartel de Ballajá
Inside Ballaja Barracks

Ventana de la Calle Luna
Luna Street Window

Alrededor de la Plaza del Quinto Centenario

No hay en toda la ciudad un sector que reúna tan numerosos atractivos llenos de belleza y valor históricos, como el que rodea a la Plaza del Quinto Centenario, construida ésta para la celebración de las fiestas con motivo de cumplirse quinientos años del descubrimiento de América. Las obras para la Casa de Beneficencia, hoy ocupada por las oficinas del Instituto de Cultura Puertorriqueña, comenzaron en 1841 y no fueron concluidas hasta el 1897 en cuyo lapso de tiempo se llevaron a cabo numerosas alteraciones y adiciones a su estructura original, trabajos que en ocasiones tuvieron que ser sufragados con rifas de la lotería provincial. El Cuartel de Ballajá fue construido a mediados del siglo XIX para acomodar tropas de infantería del ejército español; hoy día, cuidadosamente restaurado, nos ofrece en su interior uno de los más hermosos patios centrales en Puerto Rico y en su segundo piso está ubicado el Museo de las Américas, de reciente creación. En el centro de la Plaza San José se alza la estatua de Juan Ponce de León que fue fundida con bronce de los cañones abandonados por los ingleses en su retirada en 1797. La blanca estructura que bordea la parte norte de esta plaza es la Iglesia de San José, originalmente llamada de Santo Tomás

Around the Plaza of the Quincentennial

Perhaps there is no spot in the entire city that encompasses as many attractive places of historical significance as the area surrounding the Plaza of the Quincentennial, built to celebrate the five hundredth anniversary of the discovery of America. The construction of the neighboring Casa de Beneficiencia, which today houses the offices of the Institute of Puerto Rican Culture, began in 1841 and continued until 1897. The various additions and alterations to the original building that were carried out during the second half of the nineteenth century were often funded by receipts of the provincial lottery. The nearby Cuartel de Ballajá was built in the mid nineteenth century to quarter infantry divisions of the Spanish army. Carefully restored, the cuartel includes one of Puerto Rico's most beautiful atriums; its second floor houses the recently established Museo de las Américas.

In the nearby Plaza de San José hovers the statue of Juan Ponce de León. It was cast from bronze scrapped from cannons left behind by retreating English troops after the attack of 1797. The white edifice that flanks the northern side of the plaza is the Church of San José, originally called the Church

Patio de la Casa Blanca
Interior of Casa Blanca

Plaza Ballajá
Ballaja Square

Edificio del Instituto de Cultura Puertorriqueña
Building ot the Institute of Puerto Rican Culture

Plaza San José
San Jose Square

de Aquino que se comenzó a construir en 1523, siendo por lo tanto, la segunda iglesia más antigua en el nuevo continente americano, sólo superada en antigüedad por la que previamente se levantó donde hoy se encuentra la catedral de San Juan. Junto a la Iglesia de San José localizamos el Convento de los Dominicos y en la esquina interior de la plaza está el museo dedicado al notable músico catalán, don Pablo Casals, que hizo de Puerto Rico su segunda patria. A corta distancia, por la calle Norzagaray, hallaremos el Museo de Arte e Historia ocupando el edificio originalmente destinado a plaza de mercado. En la vecina calle de San Sebastián, frente al cruce con la Calle José, veremos el mural de más colorido e interés de los muchos que adornan la ciudad, dedicado a "los Hijos de Borinquen" y honrando en forma especial la figura de don Pedro Albizu Campos, destacado líder independentista puertorriqueño. Esta calle de San Sebastián es igualmente famosa por sus fiestas artísticas anuales y por ser, junto a la plaza San José, centro de reunión de cientos de jóvenes en las noches de cada fin de semana, atraídos por sus discotecas y el ambiente bohemio que se respira en los alrededores. Igualmente de gran interés histórico y de una serena belleza arquitectónica es la Casa Blanca. Construida para residencia de Ponce de León, este no la llegó a vivir debido a su muerte en Cuba, por heridas recibidas mientras exploraba tierras en

Estatua de Juan Ponce de León
Statue of Juan Ponce de León

of Santo Tomás de Aquino. Its construction began in 1523, making it the second oldest church in the Americas. One built where the cathedral stands today anteceded it by a few years. Next to the Church of San José we find the convent of the Dominican friars and in the interior side of the plaza we see a museum dedicated to the renowned Catalan musician Don Pablo Casals, who made Puerto Rico his second homeland. Not far from here, in Norzagaray Street, stands the Museum of Art and History, in a building that in the nineteenth century housed the city marketplace.

In the neighboring San Sebastián Street, across from the intersection with San José Street, we can see one of the most colorful of the many murals that adorn the city: the one dedicated "to the sons and daughters of Puerto Rico" which honors Pedro Albizu Campos, a distinguished Puerto Rican nationalist leader. San Sebastián Street is also known for its yearly artistic festivals and for being, like the Plaza San José, a gathering place for the city's youth, who congregate there on weekend nights attracted by the discotheques and the bohemian air of the place.

Also of special historical significance and possessing a beautifully serene architecture is Casa Blanca. It was built as the official residence of Ponce de León but he died in Cuba before living in it as a result of mortal wounds he received

Interior del Convento de los Dominicos
Interior of the Dominican Convent

Museo de Arte e Historia
Museum of Art and History

Mural dedicado a "Los Hijos de Borinquen" en la calle San Sebastián
Mural Dedicated to "The Sons of Borinquen" at San Sebastian Street"

Museo Pablo Casals
Museum Pablo Casals

la recién descubierta península de la Florida. A pesar de su frágil construcción de madera, fue el primer baluarte de defensa de la ciudad y refugio de sus habitantes ante los ataques de los indios. Reconstruida en piedra, y ahora totalmente restaurada, en su interior puede encontrarse un magnífico museo que nos muestra, principalmente, mobiliario y utensilios usados en los hogares durante los primeros años de la conquista. La mansión está rodeada de hermosos jardines y artísticas fuentes pero, por estar a una cuadra de distancia del paso principal hacia el Morro, la Casa Blanca es otro de esos fascinantes rincones de la ciudad que lamentablemente pasan muchas veces desapercibidos, no sólo al visitante, también al residente local.

Calle San Sebastián
San Sebasttian Street

in Florida. Its fragile original construction, notwithstanding, Casa Blanca was the first fortification for the defense of the island from Indian attacks. It was eventually rebuilt in stone and mortar. Totally renovated, its interior today houses a magnificent museum with exhibits of furnishings and domestic utensils used during the early years of the colonial era. Casa Blanca is surrounded by beautiful gardens and fountains. Its location one block away from the route from El Morro, however, make it a bit out of the way for walking tourists and residents who often miss this historic site.

Esquina Calle San Sebastián
Corner at San Sebastian Street

Calle Virtud
Virtud Street

La Catedral de San Juan
San Juan Catedral

Entrada al Hotel "El Convento"
Entrance to El Convento Hotel

La calle del Cristo

De todas las calles de la ciudad, la del Cristo es la más transitada por los turistas atraídos por sus numerosas galerías de arte, boutiques y tiendas de artesanías y también, por ser la vía que les conduce directamente hasta el popular Morro. Es de esta forma que, la mayoría de las veces, descubren dos de los lugares más atractivos que tiene San Juan: la Catedral y la Plazoleta de las Monjas. En la misma calle y cercano a la Plaza de San José, está el edificio que ocupó el Seminario Conciliar de San Idelfonso, creado éste para la preparación intelectual de aquellos que se interesaban en continuar la carrera sacerdotal. Hoy día es la sede del Centro de Estudios Avanzados de Puerto Rico y el Caribe. A corta distancia está la Catedral con sus espléndidas cúpulas rojas. La Iglesia que previamente ocupó su lugar fue construida de madera y en forma bastante precipitada, ya que los padres Gerónimos, propulsores de la reubicación de la población de Caparra, estimaban que no se debiera hacer el traslado hasta que no existiera una iglesia para "la protección y salvación de vidas y almas de sus pobladores". Incendios, saqueos y huracanes por un lado y reconstrucciones y adiciones por otro, nos han legado, con el correr del tiempo, la estructura que hoy podemos contemplar y en cuyo interior descansan los restos mortales de Juan Ponce de León. El edificio del actual Hotel Convento, frente a la Catedral, tuvo sus

Del Cristo Street

Of all the city streets, del Cristo is the most heavily traversed by tourists who visit its numerous art galleries, boutiques, and crafts shops. Walking down this street one discovers two of the most attractive sights that San Juan has to offer: the cathedral and the Plazoleta de las Monjas (plaza of the nuns). In the same street, closer to the Plaza de San José, stands the building of the old seminary of San Idelfonso, established to train young men for the priesthood. This building houses today the graduate training center Centro de Estudios Avanzados de Puerto Rico y el Caribe. Not far from it we find the cathedral, crowned with its splendid scarlet-colored domes. The original wooden church building was hastily built because the Catholic Priests Settlers who promoted the move from Caparra to San Juan insisted on erecting a temple for "the protection and salvation of the lives and souls of the settlers" before proceeding with the move. Numerous fires, raids, and hurricanes, on the one hand, and expansions and reconstructions, on the other, have produced the actual structure, in whose interior rest the mortal remains of Ponce de León.

The building of the Hotel El Convento, across the street from the cathedral, traces its origins to the mid-1600s, when it was erected to supply the need to house women seeking to serve the church as

Plazuela "De las Monjas"
Las Monjas (Nuns) Square

Artista frente a la catedral
Artist in front of the cathedral

Alrededor de La Catedral
Around The Cathedral

Calle Hospital
Hospital Street

orígenes ante la necesidad de ofrecer un hogar a las mujeres que a mediados del siglo XVII, deseaban servir a la iglesia con monjas y que por falta de un recinto apropiado, se veían obligadas a salir de la isla para lograr sus aspiraciones. Una rica dama viuda cedió su residencia para que en ella se estableciera el que fue llamado Convento de las Carmelitas. Durante dos siglos continuaron trabajos de ampliaciones y remodelaciones, que incluyeron capillas y una iglesia, hasta completarse la obra, hoy convertida en hotel y casino. Lo regio de sus salones merece una visita a sus interiores. La belleza de las calles aledañas son más que justificado aliciente para dedicar algún tiempo a pasear por ellas, sin prisa, deleitándonos con el colorido de sus fachadas, puertas y ventanas. Estas vistas, desafortunadamente, tampoco son muy conocidas por aquellos, que en su rápido andar hacia el Morro, pasando tan cerca ni sospechan de su existencia. Detrás de la Catedral está la Casa de los dos Zaguanes, una de las más antiguas de la ciudad y única por esta característica de su construcción a lo que se debe su nombre; en su interior alberga el Museo del Indio. El Museo del Niño y las altas paredes laterales de la Casa del Cabildo completan la escena arquitectónica que rodea la plazoleta de las Monjas. Dibujantes y artesanos dan un toque pintoresco al lugar. A una cuadra de distancia de esta calle está el Palacio de Santa Catalina, mejor conocido como la Fortaleza. Construida entre 1532 y 1540 como bastión de defensa de la ciudad,

nuns. A wealthy widow donated her house of residence so that a convent of Carmelite nuns could be established. Two centuries of expansions and renovations, including the addition of a church and a chapel, produced a structure similar to the actual facilities that include a hotel and casino. El Convento's magnificent interior halls warrant a visit, as do the neighboring streets, ornamented with colorful facades, windows, and portals. Behind the cathedral stands La Casa de los Dos Zaguanes (the house with two porches), one of the oldest in the city and unique in the style that gave it its name; its interior houses El Museo del Indio, with collections of pre-Columbian artifacts. A children's museum and the high-walled building La Casa del Cabildo complete the architectural catalogue that surrounds La Plazoleta de la Monjas. The presence of craftsmen and painters adds color to the spot.

A block away from the El Cristo Street we encounter the compound of Santa Catalina, better known as La Fortaleza. It was originally erected between 1532 and 1540 as a stronghold for the city's defense. Soon it proved inadequate for that purpose given its poor location and weak construction. It was, in fact, captured by invading forces on two occasions: by the English in 1598 and the Dutch in 1625. The latter, before departing San Juan, burned the city down, including La Fortaleza. La Fortaleza is the official residence of government in longest continuous use in the Americas. Some of

Cielo, Balcones y Torres de San Juan
Sky, balconies and turrets of San Juan

Esquina de San Justo y Sol
Corner of San Juan and Sol Streets

Patio interior de la antigua Galería Botello
Interior of the former Botello Galery

La Fortaleza
Governor's Mansion

Alrededor de La Fortaleza, Convento y Hospital de las Siervas de María
Around La Fortaleza, Catholic Convent and Hospital

Parque de las palomas
Pigeon Park

Capilla del Cristo
Christ Chapel

Patio del Palacio Rojo
Interior of the Red Palace

Balcones de la Calle Fortaleza
Balcony at Fortaleza Street

pronto quedó demostrado que ni estaba situada en el lugar mas estratégicamente recomendable ni mucho menos su endeble construcción respondía a lo necesario para la protección de los residentes. De hecho, fue capturada por los invasores en dos ocasiones, en 1598 por los ingleses y en 1625 por los holandeses; estos últimos, antes de abandonar la isla, procedieron al saqueo e incendio de la ciudad, de lo cual no escapó la propia Fortaleza. Reconstruida y renovada en varias ocasiones, la Fortaleza es hoy día la residencia oficial de gobierno más antigua de las Américas en uso ininterrumpido y sus visitantes pueden recorrer sus elegantes salones, exquisitamente decorados, así como sus bellísimos jardines. En el extremo sur de la calle del Cristo está la llamada Capilla del Cristo construida, según la leyenda, para dar gracias a Dios por haberle salvado la vida a un jinete que se precipitó al precipicio en que a mediados del siglo XVIII terminaba la calle, hecho ocurrido durante una carrera de caballos. Se ha comprobado que la leyenda es falsa pues documentos de la época dejan constancia de la muerte, en la caída, del desafortunado jinete. Al lado de esta Capilla está el popular Parque de las Palomas, parada obligada de toda familia, que con niños, visita el área. A unos pasos de aquí, e igualmente merecedores de una visita, hayamos la llamada Casa del Libro y el Centro de Artes Populares y Artesanías en los cuales, además de interesantes exhibiciones, se celebran periódicas reuniones de carácter cultural.

its elegant gardens and halls are open to visitors.

At the south end of the El Cristo Street stands a quaint chapel called La Capilla del Cristo. According to legend it was built in the mid-eighteenth century to thank God for having saved the life of a horseman who fell down the precipice at that precise point during a horse race. Documents of the period, however, have proven the legend false, since they attest to the horseman's tragic death. Next to the chapel we find El Parque de las Palomas (the pigeons' park), an obligatory stop for all who visit the area in the company of small children. La Casa del Libro (a museum dedicated to books) and a center for popular arts and crafts are found a few steps away.

Museo del Niño
Children's Museam

Adoquines de las
calles de San Juan
Cobblestones in the
Streets of San Juan

Calle de escaleras cerca de La Catedral
Stairscase Street Near The Cathedral

Camino al fuerte San Cristóbal

Caminaremos ahora hacia el centro del Viejo San Juan y así, pasando frente a tiendas, oficinas, bancos y joyerías, muchas, muchísimas joyerías, llegamos a la Plaza de Armas con sus quioscos, cientos de palomas y las cuatro esculturas que alrededor de la fuente central, representan las cuatro estaciones del año. El edificio del ayuntamiento merece un recorrido especial por sus interiores, cuyos salones, patios, escaleras y

Calle Tetuán y Del Cristo
Tetuan and Del Cristo Streets

En Route to Fort San Cristobal

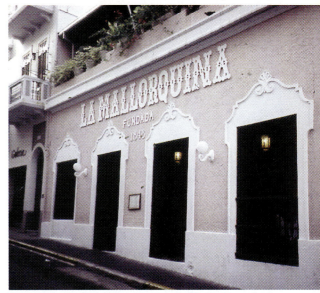

Restaurante "La Mayorquina", Calle San Justo
La Mayorquina Restaurant, San Justo Street

We are going to walk now through the center of Old San Juan. During this trajectory we will pass many shops, office buildings, banks, and jewelry stores ... many, many, jewelry stores. On our way we make a stop at the Plaza de Armas, where we find kiosks, hundreds of pigeons, and four statues that circle a fountain, each one representing one of the seasons of the year. The City Hall warrants a special visit to its interior

Antigua fábrica de refrescos "El Polo Norte" en la Calle Tetuán
Old Refreshment factory, Tetuan Street

Iglesia Santa Ana
Santa Ana Church

Estatua en la Plaza de Armas
One of the four Statues at Plaza de Armas

vitrales son de una regia elegancia. El Departamento de Estado del gobierno de la isla ocupa otro edificio de interés histórico y gran valor arquitectónico. Originalmente construido como cárcel, fue convertido en cuartel militar para posteriormente, en 1850, serle asignada la más civil función de asiento de la Real Intendencia del gobierno colonial español.

Para llegar al fuerte San Cristóbal continuaremos nuestra caminata atravesando una zona poco frecuentada por el visitante, pero que realmente, es la más representativa de lo que es el diario vivir de las familias en San Juan. Nos referimos al área comprendida entre las calles Norzagaray, San José y Luna, que quizás, por ser una zona predominante residencial, puede que se subestime sus posibles atractivos, de hecho notables por la elegancia de sus fachadas y el señorío de sus zaguanes que ojos indiscretos pueden descubrir husmeando tras alguna puerta entreabierta. Aquí podrán verse los típicos colmaditos de barrio que se niegan a retroceder ante el avance de los modernos supermercados. Un paseo por San Juan estaría incompleto sin conocer estas calles en camino al fuerte San Cristóbal.

La parte oriental de la ciudad carecía de protección adecuada contra ataques de invasores por lo que en 1631 se comienza la construcción del Castillo de San Cristóbal en la parte más elevada al

elegant halls, patios, staircases, and stained glass windows. Another of the Plaza de Armas' historical buildings is occupied by the offices of the State Department of the Commonwealth of Puerto Rico. Built originally as a jail, in 1850 it later became the site of the Royal Intendancy of the spanish goverment in the island.

To reach Fort San Cristóbal we shall proceed our stroll through an area that, although not heavily visited by tourists, is very representative of everyday life in San Juan. I am referring to the area composed of Norzagaray, San José, and Luna Streets, a predominantly residential area with elegant facades and seignorial portals. This area also harbors picturesque neighborhood grocery stores, which refuse to surrender to the advances of modern supermarkets. A tour of San Juan would not be complete without a visit to this part of the city.

Because the eastern part of San Juan lacked adequate protection from foreign attacks, construction of Fort San Cristóbal began in 1631 in the higher elevations at the northeast end of the city. Larger and far more complex than El Morro, Fort San Cristóbal did not acquire its present configuration until around 1780. It is considered the second largest of all the fortifications built by Spain in the New World. A tour of this fort offers a unique experience, as unique is the legend that recounts the

Puerta Banco Bilbao Vizcaya, Calle Tetuán
Bilbao Vizcaya Bank, Tetuan Street

Alcaldía de San Juan
San Juan City Hall

norte de la ciudad. De mayor tamaño y de una estructura mucho más compleja que el Morro, no es hasta aproximadamente en el 1780 que adquiere su formato final, tal como lo vemos hoy, siendo considerado el segundo de mayor tamaño de todos los construidos por España en el nuevo mundo.

Interior de La Alcaldía
Inside the City Hall

Callejón del Tamarindo
El Tamarindo Alley

Kiosko de verduras y frutas en la calle
Kiosk of fruits and vegetables

disappearance of soldiers who guarded the sentry box facing the ocean. This sentry box is called la Garita del Diablo (the Devil's Sentry Box). The defensive compound includes a museum and an important archive and library specializing in military history. Soldiers wearing uniforms of the colonial era add splendor to this important landmark.

Calle Norzagaray
Norzagaray Street

Fuerte San Cristóbal
Fort San Cristobal

Alcaldía
City Hall

Interior del Fuerte San Cristóbal
Inside Fort Cristobal

Caminar por esta fortaleza es toda una experiencia única, como única es la leyenda que cuenta de la desaparición de los soldados que hacían guardia en la garita junto al mar, la que con el tiempo fue conocida como "la Garita del Diablo". Este complejo defensivo incluye un museo y un importante archivo y biblioteca especializada en historia militar. Soldados usando uniformes de la época colonial añaden colorido al lugar.

Jardines del Fuerte San Cristóbal
Gardens inside Fort San Cristobal

La Garita del Diablo
The Devil's Sentry Box

Patio del Fuerte San Cristóbal
Fort San Cristóbal Parade Ground

Murallas del San Cristóbal
Walls of Fort San Cristóbal

La bahía desde el Fuerte San Cristóbal
Bay view from Fort San Cristobal

Hacia el San Juan Moderno

Terminamos nuestra visita al Viejo San Juan y nos dirigimos hacia la parte moderna de la ciudad transitando por el hermoso boulevard de la Avenida Ponce de León, llena de suntuosos edificios que albergan ilustres instituciones tales como el Ateneo, el Comité Olímpico de Puerto Rico, la Casa de España y la Biblioteca Carnegie, entre otros. Al final de esta avenida está el agradable Parque Muñoz Rivera y frente a éste, el edificio sede del Archivo y Biblioteca General de Puerto Rico, que originalmente fue el hospital civil de la capital. Salimos ahora de la isleta de San Juan, casi por el mismo sitio por donde entramos, para dirigirnos hacia el Condado, seguir a Santurce y pasando por Hato Rey llegar a Río Piedras, donde terminaremos nuestro gran paseo por la ciudad de San Juan. Esta segunda parte de nuestra visita a la ciudad, tenemos que hacerla en auto. La caminata termino aquí.

Boulevar Ponce de León
Ponce de Leon Boulevard

Biblioteca Carnegie
Carnegie Library

Antiguo Casino de Puerto Rico
Former Casino of Puerto Rico

Toward Modern San Juan

We conclude our visit to Old San Juan and head toward the modern districts of the capital by taking the beautiful thoroughfare Avenida Ponce de León, flanked by sumptuous buildings that house some of the island's most venerable institutions: El Ateneo, Puerto Rico's Olympic Committee, La Casa de España, Carnegie Library, among others. At the end of the islet of San Juan we find the cozy Muñoz Rivera Park; in front of it stands the building of the General Archives and Library of Puerto Rico that originally served as a civilian hospital. We now proceed to leave the islet of San Juan and to enter El Condado. Then we pass through Santurce, Hato Rey, and finally Río Piedras, where our grand tour of San Juan will conclude. What remains of our tour must be done by car. The hike ends here.

Edificio Comité Olímpico de Puerto Rico
Puerto Rican Olympic Committee

Edificio del Ateneo Puertorriqueño
Ateneo de Puerto Rico

Parque Muñoz Rivera
Muñoz Rivera Park

Polvorín del Boquerón
Boqueron Gunpowder Magazine

Casa de España
House of Spain

Monumento a los soldados puertorriqueños muertos en la Primera Guerra Mundial

Monument to the Puerto Rican soldiers who died during the World War I

Parque del Paseo Covadonga
Covadonga Promenade Park

Museo Militar de la Guardia Nacional de Puerto Rico
Puerto Rico National Guard Museaum

Polvorín de San Jerónimo en el Parque Muñoz Rivera
San Jerónimo gunpowder magazine

Edificio del Archivo y Biblioteca General de Puerto Rico
Building of the General Archives and Library of Puerto Rico

El San Juan Moderno

Si bien el área metropolitana de San Juan abarca los municipios de Carolina, Bayamón, Cataño, Guaynabo, Toa Baja y Trujillo Alto, nosotros nos limitaremos a un rápido recorrido por las zonas que forman parte de la municipalidad de San Juan propiamente dicha, El Condado, Santurce, Hato Rey y Río Piedras. Aquí encontraremos mezclado lo no tan viejo con lo moderno, lo residencial, lo cultural y lo comercial y como ya dijimos, las distancias envueltas nos obligan a usar el automóvil para llegar hasta los lugares de mayor interés que en realidad no son pocos, desde sus hermosas playas hasta sus espléndidos recintos universitarios... Amarremosnos los cinturones de seguridad y... aquí vamos...

Laguna del Condado
Condado Lagoon

Bordeando la Laguna del Condado
Bordering the Condado Lagoon

Puente Dos Hermanos
Two Brothers Bridge

Modern San Juan

Although the Metropolitan Area of San Juan includes the municipal jurisdictions of Carolina, Bayamón, Cataño, Guaynabo, Toa Baja, and Trujillo Alto, we shall limit our brief drive to the areas comprised within the municipality of San Juan: El Condado, Santurce, Hato Rey, and Río Piedras. In them we will find a combination of the modern and the historical, the commercial and the residential. As I said before, distances force us now to use a car to reach several of the municipality's places of interest which range from gorgeous beaches to beautiful university campuses. Let's buckle up our seat belts....

Boutique Casa Bella Condado
Casa Bella Boutique, Condado

Playa de Condado
Condado Beach

Torre de la Universidad de
Puerto Rico, Río Piedras

University of Puerto Rico Tower,
Rio Piedras

En ruta a Santurce
Going to Santurce

Edificio del Colegio de Arquitectos e Ingenieros de
Puerto Rico, Calle Parque, Santurce

Building of the Society of Puerto Rican Architecs and
Engineers, Santurce

Universidad Sagrado Corazón, Santurce
Sacred Heart University, Santurce

Capilla de Lourdes, Antigua Union Church en Miramar
De Lourdes Chapel in Miramar

Zona Bancaria en Hato Rey
Banking District, Hato Rey

Escuela de Artes Visuales, en Santurce. Antigua Central High
Old Central High School, in Santurce, today the School of Visual Arts.

Discoteca Egipto en Santurce
Egyptian Discotheque, Santurce

Centro Gubernamental Minillas en Santurce
Minillas Goverment Center, Santurce

Centro de Bellas Artes Luis A. Ferré, Santurce
Luis A. Ferré Arts Center, Santurce

Calle 25 de enero, "De los Bomberos", Ponce
January 25 Street, "Fireman Street", Ponce

Unas palabras finales...

No solamente San Juan es hermoso y un deleite para nuestros ojos, toda la isla es fascinante para visitar y recrear nuestra vista. Espero Dios me permita en el futuro tener la oportunidad de presentar un libro con todas, bueno, con algunas de las muchas maravillas que está encantadora isla nos ofrece. Mientras tanto, veamos ahora algunas de las bellezas que podemos visitar y disfrutar fuera del área de San Juan.

Museo de Arte, Ponce
Art Museum, Ponce

A few final words...

Not only the city of San Juan is beautiful and eye-appealing, the whole island of Puerto Rico is delightful to visit and look at. God willing, I hope to have the opportunity in the future to present a book with all, or at least some of the many marvels that this enchanting island offers to our eyes. Meanwhile, here are some of the beauties that we can visit and enjoy outside of the San Juan area.

Honrando a la maestra Lolita Tisol, Ponce
Statue Honoring Lolita Tisol, Teacher, Ponce

Catedral y estatua Muñoz Rivera, Ponce
Cathedral and Muñoz Rivera Statue, Ponce

Castillo Serrallés, Ponce
Serralles Castle, Ponce

Balcón, Mayagüez
Balcony, Mayagüez

Plaza de Recreo, Mayagüez
Town Square, Mayagüez

Plaza de Recreo, Arecibo
Town square, Arecibo

Iglesia Porta Coeli, San Germán
Porta Coeli Church, San Germán

Casa en La Plaza de Santo Domingo, San Germán
Beatiful Old Mansion, San German

Guayama
Guayama

Vieques
Vieques

Restaurant La Casona, Cayey
La Casona Restaurant, Cayey

Sala de la Casa Cautiño, Guayama
Inside Casa Cautiño, Guayama

Casa en el Malecón de Naguabo
House in Naguabo Seaside

Hacienda Porvenir, Lares
Old Farm House Porvenir, Lares

Fotos de Raíces y motivos de este libro
Photos of: The roots and motives behind this book

Catedral de San Juan, 6
San Juan Cathedral, 6

Calle Fortaleza, 6
Fortaleza Street, 6

Interior en el Fuerte San Cristóbal, 6
Interior of Fort San Cristóbal, 6

Calle San José, 7
San José Street, 7

Flores y balcón, 7
Flowers and balcony, 7

Paseo Concepción de Gracia, 7
Concepción de Gracia boulevard, 7

Paseo de La Princesa, 7
La Princesa promenade, 7

Playa del Condado, 8
Condado beach, 8

Ballets de San Juan, 8
Ballets of San Juan, 8

Estudiantes de música del Instituto de Cultura Puertorriqueña, 8
Institute of Puerto Rican Culture's music students, 8

Vista desde el puente Dos Hermanos, 8
View from the Two Brothers bridge, 8

Interior en el Fuerte San Cristóbal, 9
Interior of Fort San Cristóbal, 9

Soldado en el Fuerte San Cristóbal vistiendo uniforme de la era colonial, 9
Soldier wearing uniform of the colonial era in Fort San Cristóbal, 9

Interior de la Alcaldía de San Juan, 9
Interior of San Juan City Hall, 9

Estatua de Juan Ponce de León, Plaza San José, 10
Statue of Juan Ponce de León, San José Square, 10

Iglesia en Miramar, 10
Church, Miramar, 10

Interior de El Arsenal, area de La Puntilla, 10
Interior of El Arsenal, the Puntilla area, 10

Flores de San Juan, 11
Flowers of San Juan, 11

Plátanos, 11
Plantains, 11

Calles de San Juan, 12
Streets of San Juan, 12

Jardín de la Universidad del Sagrado Corazón, 13
Sacred Heart University Garden, 13

Cerca de la Catedral, 13
Close to the Cathedral, 13

Vendedor de frutas, 13
Fruit vendor, 13

Vendedor de "piraguas", 13
Ice cone vendor, 13

Busto de Patricio Rijos, "Toribio" (Parque Salvador Brau), 14
Bust of Patricio Rijos, "Toribio" (Salvador Brau Square), 14

Puerta de antigua casona, 14
Old House Door, 14

Transporte municipal gratuito, 14
Free intra-city Trasport, 14

Estatuas en San Juan, 14
Statues in San Juan, 14

Polvorín en Parque Muñoz Rivera, 15
Magazine, Muñoz Rivera Park, 15

Vendedor de lechón asado, 15
Roast pork vendor, 15

Bellezas en la playa, 15
Beauties in the beach, 15

Estatuas en Paseo de La Princesa, 15
Statues at La Princesa Promenade, 15

Bandera de Puerto Rico, 16
Puerto Rican flag, 16

Guitarras, 16
Guitars, 16

Sombreros puertorriqueños, 16
Puerto Rican hats, 16

Calle del Viejo San Juan, 17
Old San Juan Street, 17

Frente portuario, 17
Waterfront ,17

Interior de El Arsenal, 17
Interior of The Arsenal, 17

Estatua de Cristóbal Colón, 17
Chistopher Columbus statue, 17

Calle de adoquines, 18
Cobblestone street, 18

Universidad de Puerto Rico, Río Piedras, 18
University of Puerto Rico, Río Piedras, 18

Antigua fachada frente a la bahía, 18
Old facade facind the bay, 18

Cerca de la Catedral, 18
Near the Cathedral, 18

Mural en las calles de San Juan, 19
Street mural, San Juan, 19

Parque Muñoz Rivera, 19
Muñoz Rivera Park, 19

Estatua en el Paseo de La Princesa, 19
Statue, the La Princesa Promenade, 19

Interior del Instituto de Cultura Puertorriqueña, 19
Interior of the Institute of Puerto Rican Culture, 19

Paseando por San Juan, 20
Strolling though San Juan, 20

Las garitas de San Juan, 21
San Juan sentry boxes, 21